명품도시

명품도시

도로와 계단, 주차장에 친환경을 입히다

콘텐츠하다 엮음

콘텐츠하다 종로구

종로, 전통과 현대 가치의 창조적 융합도시

시간의 지배자인 조선 왕의 권위를 상징했던 보신각 종. 그러한 종이 있는 거리라는 뜻의 '종로鐘路'에서 이름을 따온 종로구는 대한민국 심장부에 위치하며 조선 시대 이후 정치·경제·문화·행정의 최중심으로 기능해왔습니다. 도심 속에 우뚝 선 인왕산과 북악산 아래 궁중 문화의 진수이자 조선의 정궁인 경복궁이 고층 빌딩들과 함께 조화를 이루는 곳. 날렵한 기와지붕의 곡선과 서구식 건물의 직선이 교차하고 최첨단 쇼핑가와 전통시장이 공존하는 곳. 이렇듯 그 어느 지역보다 전통과 현대가 어우러진 곳이 바로 종로구로, 우리가 특별히 관심을 가져야 하는 이유도 여기에 있습니다.

종로구는 발전과 개발이라는 미명 아래 우리 고유의 멋과 문화를 잃지 않도록 전통 가치의 현대적 계승과 창조적 융합에 관심을 기울여왔습니다. 종로구의 가치를 서울 시민과 내·외국인들에게 내보이는 일은 우리의 문화 전통을 이어가는 길이자 이곳에 사는 주민들의 자부심을 높이는 것이라고 여겼기 때문입니다.

우리 선조의 멋과 생활의 지혜가 담긴 한옥, 집을 나서면 제일 먼저 만나는 보도와 계단, 지식과 문화를 기반으로 활발한 소통이 이루어지는 도서관 등은 종로구가 보존하고 개선·계승하려는 좋은 가치들입니다. 이처럼 좋은 사업을 체계적으로 지속한다면 또 다른 전통으로 자리 잡게 될 것입니다.

종로구의 가치를 실현한 대표 사례들을 모아 '인사이트 종로' 시리즈로 엮었습니다. 누군가 종로구와 비슷한 고민에 맞닥뜨렸을 때 이 책들이 작은 힌트나 영감이 되어주리라 기대해봅니다.

'인사이트 종로'를 통해 '사람 중심 명품도시'를 꿈꾸는 종로의 바람이 많은 사람에게 전해지기를 희망합니다.

1부

느리게 걷고 싶은
친환경 보도

―― 조선 5궁 중 덕수궁을 제외한 4궁인 경복궁,
창덕궁, 창경궁, 경희궁이 있는 곳, 한양도성
4대문 중 3대문인 흥인지문, 돈의문,
숙정문이 있고 4소문 중 2소문인 창의문,
혜화문이 위치한 곳, 의정부 터, 육의전 터
같은 사적지와 전통사찰 조계사가 있으며,
서울에서 가장 많은 한옥이 위치한 지역.
서울시 종로구는 대한민국의 역사, 문화,
전통을 대표하는 지역입니다. 이처럼 의미
있는 장소들을 이어주는 '보도' 역시 그에
걸맞은 문화유산으로 자리 잡아 갈 수 있다면
얼마나 좋을까요? 종로구의 보행 환경
개선은 바로 이런 발상에서 시작되었습니다. ――

1

왕의 산책로를 닮은 거리

조선 궁궐의 '어도^{御道}'와 로마의 '아피아가도'

보도는 공간과 공간, 그리고 사람을 잇습니다. 집을 나서고 사무실을 나서고 마트를 나서고, 일상의 모든 공간을 나설 때 마주하는 도시의 첫 번째 공간이 보도입니다. 너무나 익숙해서 관심에서 멀어지고 있는 곳이기도 합니다. 걷고 싶은 도시를 만들 때 공공 건축물이나 자연환경을 먼저 생각하지만, 그 발길이 가장 처음 닿는 곳은 언제나 보도입니다.

역사와 문화와 전통을 대표하는 종로의 보도가 공간과 공간, 그리고 사람을 잇는 안전하고 편리하면서도 그 자체로 문화유산으로 자리 잡아 갈 수 있기를 바라는 마음에서 종로구의 보행 환경 개선은 시작되었습니다.

조선의 궁궐에 들어서면 네모난 돌들을 반듯하게 이어 붙인 길을 만나게 됩니다. 마당 전체에 깔려 있는 경우도 있고, 흙마당 중앙의 길에만 깔려 있는 경우도 있습니다. 중요한 건물로 이어지는 마당 중앙의 돌로 이어붙여 만든 이 길은 '어도御道', 왕이 걷는 길입니다.

경복궁의 경우, 중심이 되는 정전인 근정전 마당을 '조정朝廷'이라고 합니다. 신하들이 품계에 맞춰 늘어서 있는 가운데, 중앙의 어도로 왕이 걸어가는 모습은 여러 사극을 통해서도 엿볼 수 있었습니다. 그 마당의 바닥에도 잘 다듬은 돌들이 깔려 있습니다. 화강암을 거칠게 떼어낸 돌인 '박석薄石'으로 바닥을 포장한 것입니다. 빗물을 머금지 않고 흘려보내며 견고하게 버텨온 이 돌들은 오랜 세월 자리를 지켜왔습니다. 궁궐 바닥임에도 표면이 매끄럽게 다듬어져 있지 않고 약간 울퉁불퉁한데,

그 이유는 햇빛이 반사되는 것을 막기 위해서, 또 가죽신을 신고 걸을 때 미끄러지지 않도록 하기 위해서라고 합니다.

2천 년 넘게 버텨온 돌길도 있습니다. 로마의 '아피아가도'입니다. 2천400년 동안 이어온 아피아가도는 로마인이 만든 최초의 도로이자, 돌로 촘촘하게 완성한 최초의 포장도로입니다. 기원전 312년 당시 로마제국 감찰관이었던 아피우스 클라우디

아피아가도

우스 카이쿠스Appius Claudius Caecus가 건설을 시작했기 때문에 그
의 이름을 따 '아피아가도'라 이름 붙였다고 합니다.

 군대와 물자의 이동을 위해 착공된 석재 포장도로인 아피아
가도는 로마제국의 뛰어난 토목 기술을 입증하는 것으로도 유
명합니다. 먼저 땅을 1미터 이상 파낸 뒤 주먹만 한 자갈을 깔
아 배수가 잘 되게 한 다음, 작은 크기의 잡석과 흙을 섞어 덮
습니다. 그리고 그 위에 잘게 부순 돌과 모래를 완만한 아치형
으로 채워 빗물이 고이는 것을 방지한 뒤, 맨 위에 평평한 마름

모꼴의 석판을 까는 방식으로 제작되었습니다. 이와 같이 견고하게 설계되었기에 쉽게 손상되지 않고 긴 시간을 유지해온 것입니다.

종로구는 조선 궁궐의 어도와 로마의 아피아가도에서 천 년을 이어온 지혜를 배웠습니다. 여기에 현대의 기술과 이 시대의 가치까지 담을 수 있는 공법을 적용해 이전에 경험하지 못했던 최적의 보행 환경을 만들어 나가기로 했습니다.

자연 친화적인 사람 중심의 보행 환경 만들기

해마다 연말이면 보도블록 교체 공사로 거리 곳곳이 파헤쳐진 모습을 보게 됩니다. 시민들은 불만이 많습니다. '예산 낭비 없이 한 번 바꿀 때 단단하게 잘 만들 수는 없나?' 장마철이 지나고 나면 물을 머금어 삐걱거리는 보도, 쉽게 손상돼 이가 빠진 듯 귀퉁이가 깨진 블록들, 나날이 개성 넘치는 거리가 들어서고 있는데 그에 걸맞지 않게 천편일률적인 모양의 보도블록들

을 보면서 의문을 갖습니다. '이것이 최선일까?'

종로구는 이런 시민들의 목소리에 귀를 기울였습니다. 기존의 보도 정비 공사는 지역 특성을 감안하지 않아, 어디서나 볼 수 있고 저렴한 자재를 사용한 단순 교체 공사일 뿐이었습니다. 종로구는 문제만 땜질하고 마는 형식적인 보도 공사의 패러다임을 바꾸기로 했습니다. 그렇게 '친환경적 사람 중심 보행 환경 만들기' 프로젝트가 시작됐습니다.

이를 위해 보도블록의 재료부터 공법까지 많은 것들을 개선해 나갔습니다. 우선 역사·문화·전통의 도시 종로구에 어울리는 보도블록 자재를 찾았습니다. 기존 보도블록 시공 방법의 장단점을 비교한 뒤, 장점은 극대화하고 단점은 최소화하여 보행 편의와 안전을 최대한 확보할 수 있는 공법을 선정했습니다. 한 번 쓰고 버리는 자재라고 인식되던 보도블록을 세대를 이어서 다시 쓰는 자재로 생각할 수 있도록, 인식부터 바꿔나 갔습니다.

겉보기에만 깨끗한 보도 포장 공법에서 환경을 생각하는 공법으로 공사 방식도 전환했습니다. 자연친화적 저영향 개발 GI&LID 기술을 도입하며 미래세대를 생각했습니다. 쉽게 볼 수 없는 고급 자재를 사용하고, 지역 특성을 반영한 문양으로 정비한 친환경 보도는 그 자체로 주변 건물의 가치를 동반 상승하게 하는 효과를 나타낼 수 있습니다. 콘크리트로 둘러싸인 도시에 친환경적 공법을 적용해 나간다는 것도 매우 의미 있는 행보입니다.

이와 같은 가치를 중심으로, 2011년 화강석 포장과 건식 시공법을 이용한 '친환경 보도'의 기본 개념을 정립하였습니다. 그리고 2012년 10월, 자하문로에 친환경 보도 조성 시범 설치 작업을 실시했고, 2014년 3월 새문안로(강북삼성병원 앞) 친환경 보도 조성과 함께 본격적인 도입에 나섰습니다. 2016년 3월 올림픽기념국민생활관 앞 회전교차로 및 친환경 보도 조성을 기점으로 완성기에 진입해, 2019년까지 총 9년에 걸쳐 총예산 290억 3,600만 원을 들여 74개 구간, 총연장 2만 2,260m의 친환경 보도를 조성했습니다.

자하문로 친환경 보도

    자하문로를 시작으로 북촌로, 새문안로, 창경궁로 등 궁궐
주변과 역사·문화적 가치가 있는 주요 거리를 대상으로 시공
되어온 친환경 보도는 앞으로 종로구 전역으로 확대되며 거리
의 풍경을 새롭게 바꿔갈 것입니다.

2

화강암으로 만든 100년 더 가는 친환경 보도

콘크리트 블록 대신 친환경 화강암

보도블록은 1970년대 산업화와 함께 도시의 새로운 구성물이 되었습니다. 가로×세로 30cm의 회색 시멘트 블록이 등장해 늘어나는 고층빌딩과 함께 회색빛 도시를 만들어갔습니다.

　공사로 파헤쳐진 보도를 지날 때나 깨진 블록 틈 사이로 구두 굽이 끼어 버렸을 때 정도가 아니면 우리가 일상에서 보도블록을 의식하며 살아가는 시간은 거의 없습니다. 그러나 진흙

길을 한번 걸어보게 되면, 블록으로 뒤덮인 보도가 얼마나 편리한지 느끼게 됩니다. 비가 와도 진흙이 튈 염려 없이 편하게 걸을 수 있게 해주는 것이 보도블록의 역할입니다.

보도 위로는 매일매일 수많은 사람의 걸음이 오고 갑니다. 그만큼 보도는 빠르게 노후화합니다. 시민의 불편을 해소하고 통행의 안전을 확보하기 위해서는 정기적인 점검과 보수공사가 진행되기 마련입니다. 거리에서 흔히 볼 수 있는 보도블록은 콘크리트 제품으로, 수명은 약 7~15년입니다. 가로×세로 30㎝ 이하, 두께 6~8㎝ 이하의 소형 콘크리트 제품이라 충격에 쉽게 파손되기도 합니다. 이로 인해 잦은 교체가 불가피하고 매년 정비 작업을 해야 할 만큼 사용 기간이 짧습니다.

재료부터 바꾸자! 종로구는 콘크리트 블록이 가진 한계를 벗어나기 위해서는 재료부터 달라져야 한다고 판단했습니다. 그래서 선택한 것이 자연석인 화강암입니다. 화강암으로 만든 친환경 보도블록을 만들어 사용하기로 했습니다.

친환경 보도블록은 빗물이 자연스럽게 스며들어 지하 생태

일반 보도블록 　　　　　친환경 보도블록

계를 유지시켜 줍니다. 물론 일반 보도블록을 사용할 때보다
예산이 많이 들지만 내구연한은 100년 이상입니다. 초기 설치
비용이 일반 보도블록보다 더 많이 소요되지만 한 번 공사하
면 보수까지 15년 정도 사용 가능한 만큼, 유지 및 관리와 재포
장 비용을 절감할 수 있어 오히려 경제적입니다.

　화강암 사용만으로 특별하다고 할 수는 없습니다. 이전에도
화강암 판석을 사용한 보도가 있었으니까요. 하지만 예전 보도

블록은 비용 절감을 위해 두께 1.5~3cm의 얇은 판석이라서 자재의 장점을 살리지 못했습니다. 종로구가 선택한 새로운 친환경 보도의 가장 큰 특징은 10cm나 되는 보도블록의 두께에 있습니다. '3cm 대 10cm.' 이 두께의 차이가 많은 것을 달라지게 합니다.

기존 화강암 보도블록들은 화강석의 두께가 3cm 이하로 얇다 보니 안정성을 높이기 위해 밑에 콘크리트를 깔고, 콘크리트와 화강석을 결합시켰습니다. 이 보도블록은 15년이면 수명이 다합니다. 돌과 콘크리트의 물성치(물질의 물리적 성질을 나타내는 값. 밀도, 점성 등)가 다르기 때문에 시간이 지나면 보도블록이 떨어지고 깨지는 것입니다. 10cm 두께의 화강암으로 만든 친환경 보도블록에는 해당되지 않는 이야기입니다.

100년 더 가는 친환경 시공

시공 방법 또한 기존의 방식에서 탈피했습니다. 지층에 콘크리트를 두껍게 깔아 기초를 만들고 석재판을 붙이는 '습식공법'

과 달리, 기층으로 기초를 쌓고 그 위에 모래를 깐 후 자연 석재를 쌓아 올리는 '건식공법'을 선택했습니다. 이 친환경 포장은 경복궁, 창덕궁 등 종로구에 위치한 고궁의 어도에서 볼 수 있는 박석 포장과 로마의 아피아가도에서 영감을 받았습니다. 그리고 1998년 경복궁 주변 보도 정비 시 습식과 건식을 혼용해 두께 7cm의 대형 화강암 판석을 사용했던 사례를 참고했습니다.

기존의 습식공법은 10cm 이상의 기초 콘크리트 위에 3~5cm 두께의 시멘트 모르타르로 판석을 붙인 형태라, 빗물이 밑으로 스며들지 못합니다. 이로 인해 지층 생태계가 파괴되고, 노면수가 전부 하수관으로 유입돼 집중호우가 발생할 땐 하수관 역류의 원인이 되기도 합니다.

블록이 파손되어 보수할 때는 굴착 복구공사가 어려울 뿐 아니라 많은 건설 폐기물이 발생합니다. 내구연한은 30년이지만, 그 이전이라도 상하수도나 도시가스 등 시민 생활에 밀접한 매설물 공사를 해야 할 땐 보도블록을 들어내야 합니다. 그런 경우 이 블록들은 모두 폐기물이 됩니다. 매설 작업을 위해 콘

| 습식공법과 건식공법의 보도 포장 기술 비교 |

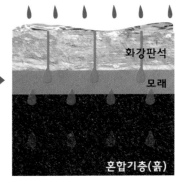

단위 : ㎜

| 습식공법과 건식공법의 예산 절감 효과 비교 |

습식공법	건식공법	예산 절감 효과
• 내구연한 약 30년 • 공사비 16만 6,000원/m^2 • 자재 재사용 불가 ⇨ 재정비 시 자재 비용 및 폐기물 발생	• 내구연한 약 100년 • 공사비 20만 6,000원/m^2 • 자재 재사용 가능 ⇨ 재정비 시 자재 비용 및 폐기물 처리 비용 절약	• 비교 기간 : 100년 • 습식공법 : 3회 시공 16만 6,000원/m^2×3회=49만 8,000원 • 건식공법 : 1회 시공 20만 6,000원/m^2×1회=20만 6,000원 • 비용 절감 : 29만 2,000원/m^2 ※ 폐기물 처리 비용 별도

크리트를 깨야 하기 때문입니다.

　그러나 10cm 친환경 보도블록은 다릅니다. 두꺼워서 잘 깨지지 않기 때문에 밑에 콘크리트 없이 흙과 모래만 깔아도 충분합니다. 새로 만든 친환경 보도는 미끄러운 일반 보도블록과 달리 발이 땅에 착 달라붙는 안정감이 듭니다. 보행감을 높이기 위해 표면에 마찰력을 줄 수 있도록 돌의 표면을 정이나 작은 구슬로 쳐서 울퉁불퉁하게 처리하는 '잔다듬'이나 '정다듬'

친환경 보도블록을 사용한 이상범 가옥 일대 한옥 골목길

을 한 덕분입니다. 화강석이 두껍기 때문에 가능한 일입니다. 빗물이 보도블록 사이로 흡수돼 도시 홍수도 예방할 수 있습니다.

　매설물 공사 때도 화강석만 그대로 들어내면 되므로 자재 재활용이 얼마든지 가능합니다. 기존 포장면을 철거하고 원상 복구해야 하는 습식공법에 반해 이 방식은 굴착공사를 할 때 자재 재활용이 가능하므로, 초기 투자비용은 다소 높을지라도 장기적인 관리 비용이 적게 든다는 경제적인 장점이 있습니다.

자재 교체가 불필요하기 때문에 내구연한은 영구적이라고 봐도 좋습니다. 궁궐의 어도나 로마의 아피아가도처럼 수백 년, 수천 년을 버틸 수도 있습니다. 다만 도시 환경의 변화를 감안하여 내구연한을 100년으로 적용하고 있습니다. 기존의 습식공법의 경우, 가로수나 지하 매설물 굴착공사 등 주변 환경 변화 시 재정비가 필요하므로 20년 전후로 재정비하고 있습니다.

많은 고민 끝에 야심차게 기획했던 친환경 보도 사업이 마냥 순조롭게만 진행된 것은 아니었습니다. 초기 자재비와 시공비가 크게 늘어난다는 이유로 서울시에서는 반대의 목소리도 있었습니다. 화강석이 두꺼워진 만큼 보도블록 구매 비용이 늘어난 것입니다. 하지만 종로구에서는 100년이 지나도 쓸 수 있는 친환경 보도블록의 경제성과 문화적 의미를 강조하며 지속적으로 설득했고, 결국 관계자들의 적극적인 이해와 협조를 받을 수 있었습니다.

3

대청마루 패턴의 보도블록 개발

역사성이 살아 있는 디자인을 찾아라!

종로는 근대화 이후에도 여전히 가장 많은 문화재를 보유하고 있는 살아 있는 박물관 같은 지역입니다. 600년 서울 역사를 상징함과 동시에 한국문화 특유의 멋과 맛을 즐길 수 있는 대표 관광지인 '북촌'을 비롯해, 역사성이 살아 있는 거리가 곳곳에 있습니다. 그러나 이러한 역사적 배경과는 무관하게 보도블록 시공이 진행되어 종로의 개성을 잘 드러내지 못하고 있었습니다. 화강석 판석, 인조 화강석, 고압블록 등이 아닌 10cm 두께의 반영구적으로 사용할 수 있는 화강석을 사용한 친환경 보도블록 사업을 기획하면서 디자인에도 종로의 역사와 전통을 담아낼 수 있도록 고심했습니다.

| 고궁과 전통 한옥에서 볼 수 있는 모양의 대청마루 패턴 보도블록 개발 |

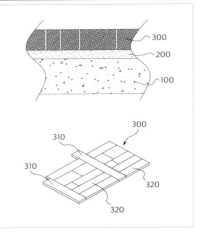

도심 어디에나 있는 모던하고 획일적인 디자인이 아니라 역

사와 전통이 살아 있는 종로구의 정체성을 반영한 보도블록

디자인이 필요하다고 판단했습니다. 고궁과 전통 한옥이 많은

종로의 정체성을 반영할 수 있는 디자인은 무엇일까? 궁궐의

어도, 기와 문양, 단청 문양과 색, 담장의 무늬 등, 종로구는 전

통 건축에 사용된 문양들을 살피며 최적의 디자인을 찾아 나

섰습니다. 그렇게 다양한 비교 끝에 우리만의 고유 구조물인

'대청마루'에서 답을 찾았습니다. 대청마루에서 보았던 문양

은 친근감을 줄 뿐 아니라, 친환경 보도블록이라는 재료와 시공 방법과도 잘 어울려 아름다운 보도블록이 마침내 탄생했습니다. 대청마루 문양을 활용한 친환경 보도블록의 디자인은 2017년 3월, '친환경 보도블록 포장 디자인 특허 등록(30-2106-0037202)' 특허 출원을 하였습니다.

이용하는 모든 사람을 위한 명품 보도

보도의 띠녹지(가로수 밑 소규모 녹지)에도 변화를 주었습니다. 키가 큰 관목류 대신 자연석 사이에 틈을 주어 잔디를 심는 방식으로 녹지 공간을 확보해 폭이 좁은 보도의 공간 활용을 극대화했습니다. 화강암 판석 밑에 콘크리트를 까는 대신 흙을 깔았기 때문에 가능해진 일입니다. 이는 빗물 침투를 더 쉽게 할 뿐 아니라 화강석 보도, 대청마루 문양과 조화롭게 어울려 친환경 보도의 아름다움을 더해 주는 역할을 합니다.

종로구는 친환경 보도를 설치하면서 계획에서부터 준공에

자연석 사이에 틈을 주어 잔디를 심는 방식으로 녹지 공간 확보

이르기까지 주민과의 소통에 힘을 쏟았습니다. 디자인 검토, 자재 선정, 주민감사관 참여 등 공사 시공의 전반에 걸쳐 주민의 목소리를 듣고 반영했습니다. 지역 내에 국립 서울맹학교, 서울농학교 및 장애인종합복지관 등이 있는 점을 감안해, 장애인 학생 부모들과 현장에 답사를 나가 장애인의 이용에도 불편함이 없는지 모니터링하고 환경 개선 방법을 검토했습니다. 이 밖에도 다양한 절차를 통해 보행 약자에게도 편리한 보도

가 될 수 있도록 공사를 진행했습니다.

친환경 보도가 주는 편리하고 품격 있는 변화를 지켜본 지자체들이 이제 종로를 배우기 위해 찾아오고 있습니다. 2014년, 서울국제보도박람회 출전으로 전국은 물론 세계에도 사례가 알려진 이후, 공법을 문의하며 현장을 답사한 지자체의 방문만 해도 수십 차례에 달합니다. 우수 사례로 널리 전파돼, 2015년 중국 베이징에도 친환경 보도 공법이 소개되었습니다.

"과거에는 그저 이동하는 공간으로서 이용에 불편함만 없으면 된다는 인식을 가졌던 보도를 단순히 지나는 공간을 넘어 우리의 전통을 느낄 수 있는 공간이자 자연이 살아 숨 쉬는 보도로 만들어보자는 생각에서 이 사업을 시작하게 됐습니다. 종로의 보도가 걷고 싶은 거리, 느린 걸음을 선사하는 거리로 주민들과 이곳을 지나는 모든 사람들에게 더욱더 사랑받게 되기를 바랍니다." 김영종 종로구청장의 말처럼, 종로구의 친환경 보도는 걷고 싶은 거리 조성에 기여하며 도시의 품격을 더욱 높여가고 있습니다.

4

청사초롱 LED가 비추는 도시의 밤

빛공해는 차단하고 어두운 골목은 환하게!

매년 4월 10일은 '전기의 날'입니다. 1966년에 처음 지정되었고, 1970년부터는 범국가적인 기념행사를 거행하고 있습니다. 왜 하필 4월 10일이 전기의 날이 되었을까요? 종로 거리에 최초로 민간 조명용 전등이 밝혀졌던 날을 기념하기 위해서입니다. 1900년 4월 10일에 종로 네거리에 우리나라 최초의 전기 가로등이 점등되었습니다. 그동안 낮에만 운행하던 전차를 야간에도 운행하기 위해 전차 정거장과 매표소에 조명용 전등을 설치한 것입니다.

 그로부터 우리의 밤은 조금씩 밝아지기 시작했습니다. 전력 공급이 충분해지면서 밤의 거리는 대낮처럼 밝아졌고, 밤을 낮처럼 밝히며 일을 하거나 즐기는 사람들이 늘어났습니다. 이제는 너무 밝은 밤의 조명들로 인해 '빛공해' 유발로 논란이 되기도 합니다.

 '빛공해'란 불필요하거나 필요 이상으로 사용되는 빛이 건강하고 쾌적한 생활을 방해하고 환경에 피해를 주는 상태를 뜻합니다. 상점에서 내건 네온사인이나 과도한 조명이 내뿜는 빛들은 주택가 창문으로 직접 투입되어 수면장애나 내분비계 장애 등을 유발합니다. 종로구에서만 연평균 약 80건의 빛공해 관련 민원이 제기되고 있습니다.

 종로구는 낮에 걷기 좋은 도시를 밤에도 걷기 좋은 도시로 만들기 위한 사업에 나섰습니다. 밤거리 빛환경 개선사업을 추진해 어두운 골목길은 환하게 밝혀 주민의 안전을 지키고, 지나치게 밝은 거리는 조명을 바꿔 빛공해를 차단해나가고 있습니다. 노후된 보안등은 밝고 쾌적한 '컷오프Cut off형' LED 보안등으로 교체하고 있습니다. 컷오프형 보안등은 아래로만 비추는 등을 말합니다. 기존에 설치된 '확산형 보안등'의 경우 사방으로 빛이 퍼지는 형태로 허공만 밝고 보도 바닥은 오히려 어두워 안전에 취약했고, 에너지 낭비 문제도 있었습니다. 2013년에 시행된 '인공조명에 의한 빛공해 방지법'에는 주택가 창문 연직면에 비치는 빛이 10럭스lux를 초과하면 빛공해로 간주하고 있습니다. 종로구는 거리를 비추는 좋은 빛의 조도는 20럭스 이상으로 높여 안전한 밤길 보행을 돕고, 창문으로 침투해 빛공해를 유발하는 나쁜 빛의 조도는 10럭스 이하로 낮추도록 설계하여 주민들의 빛공해 피해를 줄여나가고 있습니다.

LED 조명의 경우, 유해물질이 발생하지 않아 환경오염의 위험이 없고, 이산화탄소 배출량이 매우 적은 친환경 보안등을 선택해 전력량의 57% 이상을 절감할 수 있었습니다. 기존 100와트W급의 보안등을 25와트급의 LED 보안등으로 교체하면 보안등 하나당 연간 1만 5,000원의 예산이 절약됩니다. 아울러

LED 보안등은 온실가스 발생량 감축 효과 역시 지니고 있어 저탄소 녹색도시 구현에도 기여하며, 반영구적인 수명으로 장기간 사용 시에도 유지 보수 비용을 절감하는 효과도 거두게 됩니다. 보안등 교체 시 추가로 가림막을 장착해 빛공해를 유발하는 전사광, 후사광을 최대로 감소시키고, 보안등 교체 외에도 장마철 집중호우 시 누전으로 인한 감전사고의 위험이 있었던 노후 점멸기도 교체하고 있습니다.

2020년에는 주민들에게 안전하고 쾌적한 보행 환경을 제공하기 위해 관내 전역에 위치한 보안등을 체계적으로 관리하는 내용을 담은 '2020년 보안등 사업'에 나섰습니다. 이 사업은 보안등으로 인한 주민 불편을 최소화하고 골목길 조도를 개선해 빛공해를 없애는 것을 목표로 하고 있습니다. 고장 나서 불 꺼진 보안등은 보수해 주민 불안감을 해소하고, 안전한 야간 보행 환경을 조성하는 보안등 유지 관리 공사를 실시했습니다.

거리의 문화와 특성을 고려한 보안등

지역의 문화와 역사성을 고려한 친환경 보도사업을 시행하고 있는 종로구는 조명 하나에도 지역만의 고유한 특성을 반영했습니다.

2017년 시행된 '종로구 성곽마을 빛환경 개선사업'의 경우, 부암동 외 3개 권역(행촌동, 명륜·혜화동, 이화·충신동) 주변의 노후한 보안등을 밝고 쾌적한 컷오프형 LED 보안등으로 교체하는 사업이었습니다. 이때는 성곽마을의 특색을 감안해 색온도를 5,000K에서 3,500K로 낮춰 기존의 차가운 느낌의 백색광이 아닌 따뜻한 느낌의 주황빛을 사용하여 주변 환경과의 조화 및 야간 경관까지도 고려했습니다.

한옥마을과 고궁 및 박물관 등이 자리한 종로는 매월 900만 명의 관광객이 방문하는 대한민국 대표 관광지로 꼽힙니다. 한옥마을의 골목은 낮뿐 아니라 밤에도 관광객으로 북적입니다. 그러나 대부분 설치된 지 10년이 넘는 확산형 보안등이라서 개선이 필요했고, 따라서 종로구는 한옥마을의 LED 보안등 교체사업을 추진하기로 했습니다.

  '한옥마을의 고유한 분위기에 더욱 잘 어울리는 조명은 없을까?' 종로구는 한옥의 거리에 어울리는 조명 디자인을 고민했습니다. 그 결과 친환경 LED 보안등을 청사초롱과 결합하여 한옥과 어우러지는 'LED 청사초롱 한옥 맞춤등'을 개발했습니다. 등기구 부분은 한옥의 창이나 창문에 주로 사용하는 액자 문양을 청사초롱 형태 등에 새겨 넣었고, 등기구 표면은 창호지 느낌을 연출한 한지 모양의 아크릴판을 사용했습니다. 등기구 연결 부위는 한옥 기와의 우아한 곡선에서 착안해 디자인했고, 전체 색상은 고풍스런 한옥에 어울리는 기와진회색 도장을 했습니다.

  기존에 사용했던 등이 가진 단점인 빛이 사방으로 확산하고 전력 소모가 많다는 특징을 보완하여 낮은 전력으로도 조도가 확보되도록 아래로만 비추게 제작해 빛공해까지 함께 예방했습니다(70W, 5,000K, White ⇒ 25W, 3,500K, Warm White). 2019년에는 LED 보안등 보급률 44%를 달성했고, 2020년에는 80%

고풍스런 한옥에 잘 어울리는 LED 청사초롱등. 낮은 전력으로도 조도가 확보되도록 아래로만
비추게 하여 야간 보행 환경 개선뿐 아니라 빛공해를 예방하는 효과까지 얻었다.

달성을 목표로 야간 보행 환경 개선에 힘쓰고 있습니다.

종로구가 개발한 LED 청사초롱등은 특허 출원 중(2020년 기준)입니다. 야간 보행 환경 개선을 위한 보안등 개발은 단순한 빛공해 해소에 그치지 않고 종로구에 어울리게 디자인함으로써 공공가치를 높이기 위한 노력이 담긴 결과물입니다.

느리게 걷고 싶은 친환경 보도

2부

즐겁게 오르고 싶은
친환경 계단

누군가에게는 집으로 향하는 푸근한 귀갓길,
누군가에게는 어린 시절 놀이터 삼아 놀던
추억의 길, 누군가에게는 몇 번을 쉬어가며
올라야 하는 고갯길. 도시의 골목길 계단은
개인들에게 저마다 다른 의미가 되어
다가옵니다. 불도저로 밀어붙여 만들어진
신도시와 달리, 수백 년의 역사와 함께
자연스럽게 형성된 도심 종로에는 언덕을
그대로 살려 만들어진 주거지가 많습니다.
그래서 비탈을 오르내릴 수 있게 만든 골목
계단도 많습니다. 종로구는 세월과 함께
노후화하는 계단을 정비하며, 거주자에게는
조금 더 깨끗한 골목이, 노약자에게는 조금
더 편안한 이동로가 될 수 있도록 새로운
옷을 입히고 있습니다.

1

정원이 되고 놀이터가 된 추억의 골목 계단

역사의 흔적을 품은 비탈과 골목

종로에는 산이 많습니다. 인왕산, 북악산, 낙산 등 집을 나서서 조금만 오르면 맑은 계곡과 청량한 공기가 반가운, 사계절의 자연을 밟으며 산행할 수 있는 멋진 곳들입니다. 산자락에 올라 내려다보면 서울 도심이 한눈에 펼쳐지고, 저녁이면 도시를 밝히는 불빛들이 만드는 아름다운 풍경도 지켜볼 수 있습니다. 게다가 더 근사한 건, 등산을 하지 않고 골목길만 조금 올라도

시원하게 도심을 내려다볼 수 있는 곳이 많다는 것입니다. 아름다운 풍광만큼이나 흥미로운 이야기를 담은 역사적인 현장도 곳곳에 많습니다.

산 좋고山淸, 물 맑고水淸, 인심 또한 맑고 좋다人淸고 해서 '삼청三淸'이라고 했다는 이야기가 전해지는 삼청동의 경우, 면적의 반 이상이 북악산입니다. 깊은 산 맑은 계곡이 있던 그 마을은 조선 시대 임금에게 진상됐던 샘물과 궁중 전용 우물이 있기도 했습니다. 지금은 북악산 남쪽 기슭으로 주거지가 밀집해 있습니다.

영화나 드라마 속 정겨운 장소로 우리 기억에 남아 있는 경우도 많습니다. 영화 〈건축학개론〉의 작품 속 배경이 되는 동네는 정릉이지만, 남자 주인공 승민이(이제훈 분)와 재수생이던 친구 납뜩이(조정석 분)가 연애 상담을 하며 앉아 있던 곳은 종로구 창신동의 골목 계단입니다. 영화의 인기에 힘입어 이 골목이 관광객들에게 여행 필수 코스가 되었는데, 기념사진을 찍으려는 외국 팬들도 적지 않게 찾아왔습니다. 드라마 〈미생〉의 주인공 장그래(임시완 분)가 출퇴근할 때 지나던 비탈길, 드라마 〈시크릿 가든〉의 주인공 길라임(하지원 분)이 집으로 향하던 언덕길도 정겨운 창신동 골목이었습니다.

창신동과 숭인동 지역은 역사와 문화 자원이 풍부한 곳입니다. 유네스코 세계문화유산 등재를 추진 중인 한양도성(성곽)이 마을을 둘러싸고 있으며, 낙산공원도 근처에 자리하고 있습니다. 1930년대까지 창신동은 당대 최상류 거부들이 밀집한 부촌이었다고 합니다. 우리나라 최초의 재벌로 평가받는 백낙승과 그의 아들이자 세계적인 미디어 아티스트였던 백남준이 살았던 곳이기도 합니다. 백만장자의 대궐 같은 집들이 즐비한 부자촌이라는 표현이 신문 기사에 나올 정도였습니다.

그러나 이후 산업화와 도시화로 인해 새로운 성격의 공간으로 변하였고 6·25전쟁 후에는 피난민들이 자리 잡기도 했는데, 그 시기에 '한국의 밀레'로 불린 화가 박수근도 이 지역에 거주했습니다. 그는 미군 PX(미국 군대 내에서 군인과 허가된 인원에게 식품이나 일용품 등을 판매하는 매점)에서 초상화를 그려 모은 돈

으로 창신동에 18평짜리 한옥을 마련해 12년간 살면서 대표작
들을 그렸다고 합니다.

　창신동은 1960년대부터 평화시장과 동대문 패션타운의 배
후로서 우리나라 봉제산업의 중심지 역할을 해왔습니다. 그래
서 2013년에는 창신동 봉제마을이 '서울미래유산'으로 지정되
기도 했습니다. 청계천 일대 평화시장에 모여 있던 봉제공장이
하나둘 옮겨오면서, 한때 크고 작은 봉제공장이 3,000개나 모
여 있었다고 합니다. 지금은 900여 곳만 남아 있지만 여전히
원단을 실은 오토바이들이 비탈길을 분주히 지나가는 모습을
볼 수 있습니다.

추억은 남기고 불편은 개선하고

종로구는 역사 깊은 지역의 특성은 지키면서 현재 살아가는
주민들의 불편은 개선하는 사업을 지속적으로 추진해왔습니
다. 산이 많은 특성 때문에 주거지의 골목마다 계단도 많은데,

오래되어 낡아 불편해진 골목을 대대적으로 개선해 한층 더 편리하고 밝은 골목으로 만들어 나가고 있습니다.

주택과 봉제업체가 밀집한 창신동, 숭인동은 '마을 경관 개선사업'을 추진해 보행 환경을 편리하게 바꿔나갔습니다. "계단이 울퉁불퉁해 넘어질 뻔한 적이 많아요." "밤에 손자, 손녀들도 맘 놓고 다닐 수 있도록 안전했으면 좋겠어요." "오래돼서 칙칙한 분위기를 환하게 바꿔주세요." 이러한 주민들의 요구사항을 직접 들어, 낡고 오래된 계단을 비롯해 골목길 정비에 나섰습니다. 주민과 함께하는 사업 추진을 위해 주민협의체를 구성하여 그들의 희망을 실현시키기 위해 머리를 맞대고 고민해 주민들의 의견을 충분히 반영한 설계를 바탕으로 진행된 사업이기에 더욱 의미가 컸습니다.

낙후된 도로와 가로 시설물은 정비하고, 범죄를 예방할 수 있도록 폐쇄회로 TV^{CCTV}와 현관문에 부착해 주변을 확인할 수 있는 미러시트^{mirror sheet}, 어린이, 여성, 어르신들의 위치를 확인할 수 있는 안심이 장치, 야간에도 골목길을 환하게 비추는

즐겁게 오르고 싶은 친환경 계단

LED 보안등, 비상벨 설치 등을 통해 주민들이 안심할 수 있는 마을길을 만들었습니다.

무엇보다 낡은 콘크리트 계단을 친환경 소재의 석재 계단으로 바꿔 안전한 보행 공간을 확보하는 데 노력했습니다. 계단 주변에는 주민이 관리할 수 있는 예쁜 화단을 조성하였고, 자투리 공간 곳곳에는 녹지대를 조성했으며, 휴게공간을 조성해 주민들이 소통할 수 있는 환경을 만들었습니다. 아울러 마을의 상징인 숭인근린공원을 이미지화하여 만든 패턴을 벽면과 셔터 등에 도색해 마을 분위기를 한층 환하게 변화시켰습니다.

창신동, 숭인동만이 아닙니다. 종로구는 역사와 추억이 깃든 오래된 골목길을 개선하고 낡은 계단을 친환경 계단으로 정비하는 사업을 2012년부터 본격적으로 추진해오고 있습니다. 단순한 정비사업이 아니라 세심한 고민과 연구로 기획된 이 프로젝트 덕분에 종로의 골목 계단은 새로운 시간과 새로운 추억을 만들어가고 있습니다.

2

미끄럽지 않고 깨지지도 않는 '정다듬' 계단

150, 450의 비밀

───────

종로구에는 오래전 택지개발이 이루어지지 않은 때에 지어진
경사지에 형성된 주택이 많다 보니 곳곳에 계단이 있습니다.
2018년 조사에 의하면 그 수가 590개소에 이르는 것으로 나타
났습니다. 대다수 계단의 높이가 20 cm 가 넘고, 일부 석축돌 사용
계단은 30 cm 가 넘어 어르신, 어린이, 임산부 등 교통약자가 이용
하기엔 어려움이 따릅니다. 원칙 없이 생겨난 계단들은 각각 높

낮이가 달라서 무심코 걷다 보면 자칫 넘어지기 쉬워, 낙상사고 또한 빈번하게 발생하곤 했습니다. 보행 환경을 개선하기 위해서는 이 위험한 계단들을 정비하는 것이 우선이었습니다.

도로시설물을 관리할 때, 도로의 두 지점 간의 단차가 큰 경우엔 경사로를 설치하거나, 그것만으로는 보행 안전을 확보하기 어려운 경우엔 계단을 설치합니다. 건물 내의 계단이나 보도 육교, 지하보도 등 입체 횡단구조물은 계단의 설치 기준이 정해져 있습니다. 하지만 그 외 도로상의 계단에 대한 설치 기준은 관련법에 구체적으로 명시되어 있지 않습니다. 그러다 보니 골목에 계단을 설치할 때 현장 상황에 따라 계단의 높이와 너비가 임의로 정해져 만들어졌고, 몇몇 계단은 안전이나 보행 편의성을 말할 수조차 없는 정도의, 그저 계단이 설치됐다는 데 의미가 있다고 할 정도로 열악한 상황이었습니다. 물론 이러한 상황은 종로만의 이야기는 아닙니다.

그럼 도로상의 계단은 어떠한 기준으로 만들어야 할까요? 건강한 성인부터 어린이나 어르신, 임산부, 몸이 불편한 사람들 모두가 안전하게 다닐 수 있는 계단 설치 기준은 어디에서 찾

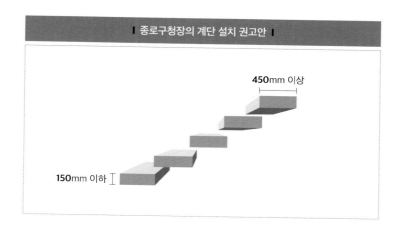

450mm 이상

150mm 이하

아야 할까요? 종로구는 많은 고민 끝에 그 해답을 '교통약자의 이동편의 증진법'에서 찾았습니다. 교통약자법 시행규칙에는 계단의 설치 기준을 정하고 있습니다. 교통약자들이 오르내릴 수 있는 계단이라면 건강한 사람도 안심할 수 있을 것입니다.

'교통약자의 이동편의 증진법'에 의하면 계단의 높낮이를 일 정하게 하고, 단 높이와 단 너비를 표준 규격으로 맞춥니다. 또 한 경사를 가능한 한 완만하게 설치하고, 필요한 곳엔 손잡이 를 설치하여 안전하게 계단을 오르내릴 수 있도록 합니다. 이 에 따르되, 종로의 계단에는 보다 엄격한 기준을 적용하였습니다. 디딤판의 높이는 150㎜, 너비는 450~500㎜를 원칙으로 하되 현장 상황에 따라 그 너비는 300㎜까지 가능하도록 기준을 마련한 것입니다. 계단 디딤판에 성인의 발이 온전히 들어갈 수 있도록 충분한 너비를 확보한 기준이었습니다.

그리고 겨울철 미끄럼 방지를 위해 계단에 물이 고이지 않도록 배수 처리를 강화하고 계단의 디딤판도 미끄럽지 않은 마감재로 처리하여, 보다 안전하게 계단을 이용할 수 있도록 했습니다. 2013년부터 이러한 기준을 종로구 내 모든 계단에 적용하기 시작했습니다.

덜 미끄럽고 잘 깨지지도 않는
'정다듬' 화강석 계단

종로구는 폭 3m 내외인 이면도로 계단 중에, 주민들의 이용이 많고 보수가 필요하거나 구조 개선이 필요한 계단부터 새롭게 교체해나갔습니다. 원래 대부분의 골목길 계단은 콘크리트로 만들어졌지만, 친환경 계단 정비 공사에는 친환경 재료인 화강통석을 사용했습니다. 화강통석은 콘크리트보다 덜 미끄럽고 겨울에도 잘 깨지지 않아 유지 및 관리가 편한 이점이 있습니다. 종로구에서 확대해가고 있는 친환경 보도처럼 표면을 정으로 쳐서 울퉁불퉁하게 처리해 '정다듬'한 덕분에 겨울철에도 미끄러지지 않고 안전하게 이용할 수 있습니다. 화강석 계단은 색감과 질감도 따뜻해 골목길 경관 개선 효과도 좋습니다.

새로 설치되는 계단은 말할 것도 없고, 당장에 정비가 어려운 곳은 우선 난간을 설치하고 단 높이가 높은 곳은 두 단 사이에 쪽계단을 설치하여 높은 계단을 오를 때 디딜 수 있도록 하였습니다. 아울러 계단 중간중간에 나무와 꽃을 심어 마치 정원 속에 사는 듯한 기분이 들게 녹지 화단을 마련했습니다.

2016년에 완료된 명륜9길 3 일대(연장 90m), 한양도성(와룡공원)과 이어지는 일명 '노을 계단'은 평소 폭과 높이가 불규칙하고 노후 및 파손이 심해 안전사고 위험이 상존하는 지역이었습니다. 배수 불량 시설 때문에 이끼 등이 서식해 도시 미관을 저해할 뿐 아니라 겨울이면 결빙으로 낙상사고 위험이 있다는

2016년 노을계단(명륜9길 3 일대) 개선

민원이 지속적으로 제기됐던 지역이었습니다. 종로구는 걷기 편한 계단을 만들기 위해 계단 높이와 폭, 경사도 등을 조정했고 보행약자 통행을 보조하기 위해 핸드레일도 도입했습니다.

친환경 보도 사업과 마찬가지로 친환경 계단의 시공도 초기에는 주민들로부터 과도한 정비와 예산 낭비라는 비난을 들었습니다. 무겁고 두꺼워진 만큼 화강석 구매 비용 등이 늘어났기 때문입니다. 하지만 종로구에서는 내구성 높은 친환경 계단이 장기적으로 보면 훨씬 더 경제적이라는 점을 끈질기게 설득하여 협조를 얻어냈습니다. 개선된 계단을 이용하면서 주민들의 반응이 달라졌습니다. 환경 개선의 효과가 크다는 긍정적인 의견이 나오기 시작했습니다. 덕분에 단순한 보도공사가 아니라 좁게는 보도 주변 건물, 넓게는 도시의 가치를 올리는 꼭 필요한 공사라는 찬사를 얻고 있습니다. 2020년 현재 친환경 보도, 계단으로 정비되길 바라는 지역 주민들로부터 오히려 조속히 정비해 달라는 민원이 쇄도하고 있습니다.

이러한 긍정적인 성과는 종로구의 진심어린 고민과 노력이 주민들의 마음에 전달된 덕입니다. 초창기, 계단 정비를 시작할 때부터 시공업자들의 관행에 젖은 작업 행태를 개선하기 위해 구청장을 비롯해 여러 직원들이 공사 현장마다 줄자를 들고 계단 높이와 너비를 재고 다녔습니다. 높이가 조금이라도 어긋나게 공사가 되었을 때는 모두 뒤엎고 새로 다시 작업하도록 철저하게 시행하느라 원성도 샀습니다. 그러나 그런 고집스러움 덕분에 종로의 계단은 몰라보게 달라지고 있습니다. 2020년 12월 기준, 총 100개의 계단이 안전하고 보기 좋게 재탄생했습니다.

계단 연장 75m, 폭 2m

공사 전

공사 후

3

쉬어갈 수 있는 돌의자와 쉼터

누군가에게는 높은 산처럼 막막한 골목 계단 오르기

———————

지하철역의 계단을 에베레스트산으로 묘사한 공익광고가 있습니다. 건강한 성인들은 인식하지도 못한 채 오가는 계단이 누군가에게는 가야 할 목적지를 포기하게 만드는 거대한 장벽이 될 수도 있다는 의미를 표현한 것입니다.

　도시의 골목 계단 앞에서 한숨을 쉬는 어르신들을 자주 보게 됩니다. 지하철역처럼 엘리베이터를 만들 수 없는 주택가 골목길이다 보니 다리가 불편한 분들에게는 집에 가는 길조차 산을 오르듯 까마득하게 느껴질 수밖에 없습니다. 종로구는 친환경 계단 개선사업을 진행하며 이와 같은 문제에 깊이 관심을 기울였습니다.

최근 유니버설디자인이 주목받고 있습니다. 연령과 성별, 신체장애 유무와 관계없이 누구나 사용하기 편리한 환경을 조성하자는 것입니다. 유니버설디자인은 미국 노스캐롤라이나대학교 로널드 메이스 교수가 주창한 개념으로, 장애인을 포함한 모든 이들이 일상생활에서 불편함을 적게 느끼도록 하는 '모두를 위한 디자인Design for All'을 말합니다. 유니버설디자인에 의하면 발이 걸려 넘어질 위험이 없고 보행 보조기와 휠체어의 이용이 편리한 도로가 도시에 제안됩니다. 손잡이의 높이도 성인의 키에만 맞출 것이 아니라 아이와 노인의 이용까지 고려해야 합니다.

장애가 없는 성인이라면 문제가 없는 평범한 길도 노인이나 장애인 등 교통약자에게는 위험할 수 있습니다. 2050년이면 우리나라 전체 인구의 30%가 고령층이 된다고 합니다. 고령화 시대가 되면서 노인 인구가 많아지는 만큼 도시의 물리적 환경도 바뀌어야 합니다.

세계보건기구WHO는 2000년대 초반부터 전 세계 고령화에 대비해 '고령 친화도시'를 추진하고 있습니다. 고령 친화도시 가이드라인을 만들어 '활기찬 노년Active Aging'을 구현하기 위한 8개 지표 영역, 84개 점검 항목을 제시하고 있습니다. WHO의 고령 친화도시 구상은 유니버설디자인 등 물리적 환경에서 사회생활에 이르기까지 폭넓은 분야를 담고 있습니다. 8개 지표는 야외공간과 건물, 교통수단, 주택과 주거 환경, 사회참여, 존경과 사회통합, 시민참여와 고용, 의사소통과 정보, 커뮤니티 지원과 건강 서비스입니다.

이 가운데 야외공간과 건물 항목만 보더라도, 보도가 잘 관리되고 있는지, 보행자 공간이 확보되고 장애물이 없는지, 횡단보도가 충분하며 미끄럼 방지 처리가 돼 있는지 등을 점검하는 내용이 담겼습니다. 주택과 주거 환경은 모든 방과 통로에서 자유로운 움직임이 가능해야 합니다.

최근, 횡단보도 보행 시간도 어린이보호구역이나 노인보호구역에서는 보다 길게 책정되어야 한다는 지적이 많습니다. 모든 사람이 행복한 사회는 그 사회의 약자들이 살기 좋은 곳일 것입니다. 도시의 시설물이 약자들의 눈높이에서 설치되고 만들어져야 하는 이유입니다. 그래서 종로의 계단도 모든 사람을 생각하며 설계했습니다.

쉼터가 되고 놀이터가 되고 정원이 되는 계단

종로의 계단은 이동이 불편한 교통약자를 배려한 특별한 디자인으로 고안했습니다. 종로구에서 특허로 등록한 물결형 안전손잡이, 잠시 쉬어갈 수 있는 '앉음돌'이 바로 그것입니다. 높은 계단을 오를 때 몇 번이나 가쁜 숨을 몰아쉬며 멈췄다 가는 어르신들을 위해 '앉음돌'을 중간중간 설치했습니다. 잠시 앉아 쉴 수 있는 쉼터를 만든 것입니다. 앉아서 둘러보는 눈길 닿는 곳에는 작은 풀과 꽃이 예쁘게 보일 수 있도록 화단도 꾸몄습니다. 주변 경관을 단정하게 정비하는 역할뿐 아니라, 거주자들의 삶도 한층 풍요로워지기를 바라는 마음에서였습니다. 이러한 변화로 집 앞 계단 역시 삶의 터전이 됩니다. 이웃들이 작은 꽃밭을 함께 가꾸고 그곳만의 이야기를 만들어내며 낙후되고 칙칙했던 낡은 골목 계단이 정원이자 놀이터가 되고 있습니다.

더불어 한 번의 정비로 최대한 많은 문제를 개선하고자, 마구잡이로 설치되어 있는 기존 개인용 또는 공용 하수관을 동시에 정비하였습니다. 개인 하수도 위치를 쉽게 파악할 수 있도록 위치 표시병을 설치함으로써 하수도가 막혔을 때 위치를 손쉽게 파악할 수 있어 골목길 주민들의 경제적 부담을 덜어줄 수 있게 되었습니다. 이는 종로구의 '적극 행정'과 '민원 서비스 우수 사례'로 전국에 전파되고 있습니다.

"환경에 따라 미래가 바뀐다"는 말이 있습니다. 꿈꾸는 사람과 함께하면 꿈이 생겨납니다. 어떤 크기의 꿈을 꾸느냐에 따라 그 도시의 골목길 계단도 달라집니다. 종로의 계단이 달라지듯 말입니다.

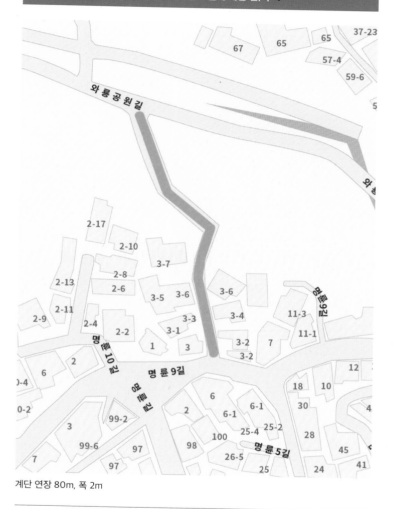

67 65 65 37-23
57-4
59-6
5

와룡공원길

2-17
2-10
3-7
2-8
2-13 2-6
3-5 3-6 3-6
2-11
2-9 2-4 3-3 3-4 11-3
2-2 3-1
1 3 3-2 7 11-1
3-2

명륜10길
명륜9길
12
2 18 10
)-4 6 6 30
0-2 2 6-1 4
99-2 6-1 25-2
3 100 25-4 28
99-6 97 98 명륜5길 45
7 26-5 41
97 25 24

계단 연장 80m, 폭 2m

즐겁게 오르고 싶은 친환경 계단

공사 전

공사 후

계단 연장 75m, 폭 3m

공사 전

공사 후

물결 모양 안전손잡이

손목 힘이 약해도 안전하고 편리하게

계단을 오르내릴 때, 유난히 벽 쪽에 붙어서 걷는 어르신들이 많다는 것을 아시나요? 관절이 좋지 않아 오르내리는 게 불편한 분들은 지지대가 필요하기 때문입니다. 지팡이에 의지하여 무릎에 가해질 힘을 분산해 걸어가듯, 벽면에 부착된 손잡이에 몸을 의지해 무릎에 주어지는 하중을 나누는 것입니다.

그렇기 때문에 핸드레일(손잡이) 없는 계단은 그런 분들에겐 참으로 불편한 곳입니다. 핸드레일은 계단에서 혹시 모를 추락을 방지하고 균형을 유지하는 등 안전을 목적으로 설치합니다. 어르신들뿐 아니라 여러 보행약자를 대상으로 계단을 설계할 때, 필수적으로 염두에 두어야 할 사항입니다.

그런데 핸드레일도 모양에 따라 편리함과 안전에 큰 차이가 있습니다. 통행인이 많은 지하철이나 건축물 계단, 경사 계단, 급경사지, 산책로 등에서 마주치게 되는 핸드레일은 계단 높낮이 등을 고려하지 않고 직선 시공법으로 만들어진 핸드레일입니다. 일반 성인을 기준으로 설치되는 레일이므로 보행약자들이 이용하려면 힘이 많이 들 수밖에 없습니다. 특히 여름철에 땀이 손에 많이 나거나 겨울철에 얼어서 미끄러운 경우엔 안전사고의 가능성이 있습니다. 자칫 미끄러지면 직선형 손잡이 아래쪽까지 밀려 내려가면서 낙상사고를 유발할 수 있습니다.

종로구는 보행약자를 고려한 핸드레일을 설치하면서 기왕이면 더욱 안전하고 편리한 방법을 고심했습니다. 그 결과 '물

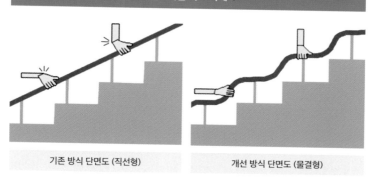

┃ 핸드레일 비교 사례 ┃

기존 방식 단면도 (직선형) 개선 방식 단면도 (물결형)

결형 핸드레일'을 착안하게 되었습니다. 종로구가 창의 제안한
물결형 핸드레일은 현장 여건 및 보행약자의 눈높이를 고려한
신개념의 핸드레일로, 팔 힘과 다리 힘이 약한 노약자, 어린이,
장애인, 환자들을 위해 만들어졌습니다.

전국 최초로 개발한 물결형 핸드레일 특허 등록

종로구는 전국 최초로 물결형 핸드레일을 만들어 보행약자들
이 손쉽게 경사진 부분을 오르거나 내려가기 쉽게 하였습니다.

물결형 핸드레일은 계단참 부분과 핸드레일의 수평 부분이 일치하게 설치함으로써, 손목 힘이 약해도 쉽게 이용할 수 있습니다. 기존 핸드레일은 계단을 오르거나 내려갈 때 손목 힘을 많이 사용해야 할 뿐만 아니라 미끄러짐 사고나 낙상사고의 우려가 있었습니다. 물결형 핸드레일은 이런 문제점들을 해결해주었고, 디자인 측면에서도 매우 아름답습니다.

종로구가 자체 개발한 물결형 핸드레일은 디자인특허 및 공법특허를 추진하였고(2017. 8.~2018. 10.), 특허 등록도 마쳤습니다(특허 제10-1929019). 그리고 2017년 10월부터 계단 및 경사로 등에 시범 설치되기 시작됐습니다.

물결형 핸드레일의 구성을 살펴보면, 우선 계단에 기둥 본체를 설치하고 기둥 본체들을 연결하며 핸드레일부를 설치하되, 핸드레일부의 가이드레일을 수평레일과 볼록레일 및 오목레일로 설치합니다. 가이드레일의 높이를 높이거나 낮추는 높이 조절이 가능하고 설치도 용이해 현장의 설치 상황과 조건에 능동적으로 대처할 수 있는 장점도 있습니다.

4차 산업혁명의 시대, 사람들은 첨단의 디지털 혁명만 떠올립니다. 그러나 우리 삶의 구체적인 공간에서부터 변화는 시작되어야 합니다. 건강한 성인을 기준으로 수십 년 전에 만들어진 도시는 이제 새로운 삶의 조건에 맞추어 변신해야 합니다. 종로구는 누구보다 앞서 그 일을 시행하고 있습니다.

즐겁게 오르고 싶은 친환경 계단

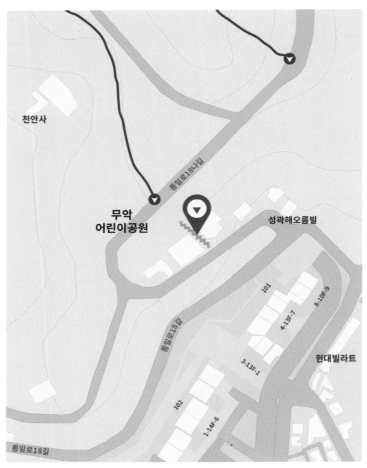

계단 연장 20m, 폭 3m, 핸드레일 설치

공사 전

공사 후

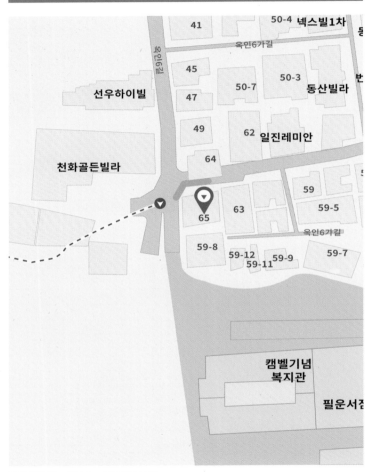

계단 연장 15m, 폭 1.5m, 핸드레일 교체

공사 전

공사 후

즐겁게 오르고 싶은 친환경 계단

3부

녹색 바람이 부는
친환경 주차장

한여름 도심에 열이 갇히면, 마치 섬처럼
그 지역만 온도가 올라가는 '열섬현상'이
발생합니다. 그 영향으로 도시 중심부
온도는 주변 지역보다 3~4℃ 정도 높게
나타납니다. 열섬현상의 가장 큰 원인으로
꼽히는 것은 아스팔트나 시멘트와 같이
열을 쉽게 흡수하는 바닥 포장재입니다.
친환경 명품도로를 조성하고 있는 종로구는
콘크리트 가득한 도심 속 주차장을
안전하면서도 자연친화적인 녹색의 공간으로
바꿔가고 있습니다. 열섬현상뿐 아니라
미세먼지도 줄이고 도시 미관까지 개선하는
종로의 녹색주차장은 미래형 주차장의
새로운 기준을 제시하고 있습니다.

| 1 |

녹색주차장으로
열섬현상과 미세먼지를 줄이다

온실가스와 미세먼지, 지구온난화의 위기

코로나19로 인한 팬데믹으로 전 세계가 고통 받은 2020년은 지
구온난화의 징후가 다른 어느 해보다 더 위협적으로 다가왔던
해이기도 합니다. 세계 곳곳에서는 유례없는 이상기후 현상이
벌어졌습니다. 2020년 여름의 한반도는 중부지방 기준, 54일간
이나 이어진 장마로 곳곳에 홍수 피해가 발생했습니다. 이 장
마는 1973년 기상청 통계 작성 이래 최장 기간을 기록했습니

다. 지구에서 가장 추운 마을로 불리는 시베리아 최북단에는 이례적인 무더위가 찾아왔고, 알프스의 일부 빙하는 분홍색으로 변했습니다. 대형 산불로 호주, 시베리아, 미국 서해안 등의 광대한 지역이 황폐해졌으며 대서양에서는 기록적인 수의 허리케인이 발생했습니다.

2020년 11월, 지구의 평균 기온은 관측 역사상 가장 높은 기온을 기록했습니다. 유럽연합[EU] 산하의 코페르니쿠스기후변화서비스[C3S]에 따르면 2020년 11월 지구의 평균 기온은 1891~2010년 11월 평균 기온보다 약 0.8℃ 높았으며 특히 유럽 지역은 2.2℃ 더 높았던 것으로 나타났습니다. 지구 온도가 0.5℃만 더 올라도 해수면이 67㎝나 상승하고 여름에 북극 빙하를 보지 못할 확률이 15배 높아진다는 연구 결과가 있습니다. 서식지를 잃는 동식물도 두 배나 늘어납니다. 세계기상기구[WMO] 사무총장은 "2020년은 불행하게도 기후 역사에서 최악으로 기록될 또 다른 특별한 해"라며 심화된 이상기후 현상을 염려했습니다.

지구온난화의 가장 큰 원인으로 지목되는 것은 온실가스입니다. 산업화로 인해 온실가스 배출량이 급격히 증가해 지구온난화를 초래하고 있는데, 최근에는 기존의 예상보다 훨씬 빠른 속도로 진행되고 있다는 연구 결과가 나와 우려를 높이고 있습니다. 과학계는 대기 중에 쌓인 이산화탄소가 온실효과를 만들어 50년쯤 뒤엔 지구 평균 기온이 2℃에서 4.5℃ 정도 오를 것으로 예상해왔습니다. 최근엔 2℃가 아니라 적어도 5℃ 이상 급상승할 것이라는 새로운 예측이 나왔습니다.

지구온난화를 멈추기 위한 노력을 머뭇거릴 시간이 없습니다. 2018년 세계경제포럼[WEF]이 발표한 세계 환경성과지수[EPI]에 따르면, '공기 질' 부문에서 한국은 180개국 중 119위, '초미세먼지 노출 정도'는 180개국 중 174위를 차지했습니다.

미세먼지를 유발하는 원인은 여러 가지가 있지만, 종로구는 우리 곁에서 해결할 수 있는 것부터 하나씩 추진해나가기로 했습니다. 그 중 하나가 친환경 명품도시 사업이며, 도심 주차장의 자연친화적 개선사업입니다.

도심의 열섬현상을 완화시키는 녹지

여름철이면 더위를 한층 더 느끼게 하는 것이 아스팔트 바닥입니다. 열섬현상의 가장 큰 원인으로 꼽히는 것도 도로를 포장한 아스팔트나 시멘트 등의 바닥 포장재입니다. 도심에 열이 갇히면서 마치 섬처럼 그 지역만 온도가 올라가는 열섬현상 때문에 도시 중심부 온도가 주변 지역보다 3~4℃ 정도 높게 나타납니다. 아스팔트나 시멘트는 열을 쉽게 흡수하기 때문에 낮 동안엔 빠르게 달궈지고 서서히 열을 내뿜어 밤까지도 도심의 온도를 높입니다.

열섬현상을 줄이기 위해서는 도시에 숲이나 공원 등의 녹지가 많아야 합니다. 과거 여의도 광장의 온도는 주변보다 2.5℃ 정도 높았지만, 여의도 공원(숲)으로 변신하고 나서는 오히려 주변보다 평균 0.9℃ 이상 낮아져, 결과적으로 3℃ 이상 온도가 떨어지는 효과를 얻었습니다.

도시의 숲은 미세먼지를 거르는 필터 역할도 해줍니다. 나무

1그루가 연간 35.7g의 미세먼지를 흡수하고, 도시 숲 1헥타르 ha는 연간 168kg의 오염물질을 제거하는 역할을 합니다. 나무 1그루는 연간 이산화탄소 2.5톤을 흡수하고 1.8톤의 산소를 방출해 대기 정화도 합니다. 도심 속 교통섬에 심어진 가로수와 녹색식물은 유독성 화학물질에 대한 활발한 정화활동을 통해 쾌적한 대기환경 조성에 큰 역할을 하고 있습니다. 미세먼지를 줄이고 열섬현상을 완화하기 위해서는 도심에 교통섬을 포함한 녹색 공간을 더욱 늘려가야 합니다.

나무만이 아니라 천연잔디도 큰 도움이 됩니다. 천연잔디가 온도 조절과 도심 열섬현상 완화에 탁월한 효과를 낸다는 연구 결과가 발표됐습니다. 2019년 경남 진주 국립 산림과학원 산림바이오소재연구소는 천연잔디로 덮인 지표면을 측정한 결과 평균 온도가 36.8℃로 인조잔디의 67.5℃, 우레탄 61.4℃, 아스팔트 55.7℃에 비해 현저히 낮았다고 밝혔습니다.

대기온도 역시 천연잔디를 심은 지역은 36.8℃였는데 인조잔디는 39.1℃, 우레탄과 아스팔트는 38.8℃였다고 합니다. 잔디가 증산작용을 해 더워진 공기를 기화하면서 대기온도를 낮추는 것입니다. 잔디밭 1,000 m^2를 조성하면 90 m^2형 에어컨 32대를 가동하는 것과 동일한 효과를 낼 수 있다고 하니, 잔디가 천연 에어컨 노릇을 하는 셈입니다.

종로의 주차장에 상쾌한 녹색 바람이 불다

주차장 하면 딱딱한 아스팔트, 까만 매연, 그리고 빼곡한 차량들이 먼저 떠올라 삭막하고 답답해지기 마련입니다. 종로구는 도심의 주차장을 푸르게 변신시키는 사업을 시작했습니다. 아스팔트와 콘크리트로 가득했던 도심지 주차장을 잔디블록, 띠녹지 등 자연이 살아 숨 쉬는 쾌적한 '녹색주차장'으로 조성하는 사업입니다.

녹색주차장은 도심 녹지 공간을 확충하기 위해 아스팔트나 콘크리트를 걷어내고 잔디 등을 심어 만든 주차장을 말합니다. 친환경 녹색주차장은 도심 녹지 공간의 확충을 기반으로 이용자의 안전과 편의를 고려한 범위 내에서 자연환경을 보존하며, 자연 그대로의 환경과 잘 어울릴 수 있도록 조성한 미래지향적인 주차장입니다.

　도심 속 기존의 주차장은 녹지 공간 없이 주차면 확보만을 목적으로 조성되어, 도시 미관을 저해하고 보행 공간을 침해하고 있습니다. 아스팔트나 콘크리트로 조성한 주차장은 도시 열섬현상과 자연재해의 요인으로 작용하여 심각한 환경 문제를 야기하고 있습니다. 이런 상황을 타개하고자 종로구는 친환경 녹색주차장을 만들어갔습니다.

　주차장을 이용하는 주민들에게 좀 더 쾌적한 환경을 제공하고, 사람이 중심이 되는 명품도시 종로를 구현하고자 시행한 친환경 녹색주차장 사업은 2011년 사직동, 옥인동을 시작으로 관내 공영주차장들을 변신시키고 있습니다. CCTV 등 안전시설물 설치, 잔디블록 포장, 화단과 산책로 조성 등을 기본으로 시작되었습니다.

　주차장 바닥 사이사이에 잔디블록을 심어 광합성 작용으로 이산화탄소를 흡수해 온실가스 발생량을 줄이고, 비가 내리면 빗물이 땅속으로 스며들도록 해 여름철에는 지열이 낮아지는 효과를 얻습니다. 기존 주차장의 경우 포장된 아스팔트와 콘크리트가 깨져 발생하던 비산 먼지도 감소시킬 수도 있습니다.

삭막한 주차장에 녹색이 짙어지면서 동네 분위기까지 환해지고 있습니다. 종로구는 보다 구체적인 지침을 마련해 친환경 녹색주차장을 확산시키기 위해 더 깊은 고민을 시작했습니다.

사직 공영주차장

창상 공영주차장

공관 옆 공영주차장

2

아스팔트 대신 잔디를 심는 주차장

친환경 녹색주차장 개념 정립부터 시작

종로구에는 문화관광 중심지역과 주거지역, 상업지역이 공존해 있습니다. 문화관광 중심지역은 주요 사적지 및 관광지와 전통 가옥들이 밀집해 있는데, 관광지와 주거지가 함께 있어 주차 수요가 부족하고 따라서 매우 혼잡합니다. 일반 주거지역은 가파른 경사의 구릉지 지형에 고급 주택, 빌라 등이 밀집해 있어 높은 담장으로 인한 폐쇄적인 경관으로 녹지가 부족합니다. 상업지역은 유동인구와 교통량이 많고 상업 업무시설이 몰려 있어 휴게공간과 녹지가 부족합니다. 이런 종로에 기존의 용도를 바꾸지 않은 채 녹지를 확대할 수 있는 공간이 있습니다. 바로 주차장입니다. 친환경 녹색주차장은 이와 같은 종로구의 필요에 의해 더욱 빠르게 추진되었습니다.

친환경 녹색주차장 개념을 본격적으로 정립하기 전, 종로구는 생태주차장 설치부터 시작했습니다. 2015년 11월, 종로구는 '생태주차장 설치 가이드'를 마련하고 ① 투수성 포장(잔디 및 잔디블록 등) ② 담장 녹화(담쟁이 넝쿨식재 등) ③ 외곽(수목, 꽃, 나무식재 등)에 대해 기준을 정했습니다.

그러나 녹색주차장 확산에는 예상되는 문제점이 몇 가지 도출되었습니다. 우선 녹색주차장과 관련한 총체적 가이드라인이 없다는 것입니다. 녹색주차장 설치에 대한 법적 · 제도적 의무규정 및 지원 근거도 없었습니다. 국내의 경우 녹색주차장에 대한 총체적 가이드라인이 없으며, 민간 부분 권장 사항으로만 존재합니다.

또한 녹색주차장 조성 및 유지·관리 비용의 부담이 크다는 것도 문제였습니다. 잔디가 죽는 경우, 투수성 포장재의 투수 기능이 떨어질 경우, 심은 나무가 고사할 경우 등의 부담이 따르기 때문입니다. 유지·관리 비용에 부담이 생기고 운영상에 어려움이 가중되면 기존의 주차장 형태로 되돌아갈 가능성도 제기됐습니다. 주차장 대표자(소유주) 변경, 용도 변경 시 녹색 주차장 승계 의무 부과 등의 문제도 따랐습니다. 이와 같은 문제를 해결하기 위해, 가장 먼저 녹색주차장 개념 정립이 필요했습니다.

녹색주차장과 투수성 포장에 대한 국내 지자체 기준

참고할 만한 사례를 찾기 위해 다른 지자체와 외국의 경우를 조사했습니다. '녹색주차장 및 투수성 포장'의 정의는 공극이 있는 포장 재료를 사용하여 직접 지표면에 침투시키는 포장을 의미하며, 우수 침투형 포장으로 조성된 주차장을 말합니다. 이 경우 지방과 외국의 몇몇 사례가 있었습니다.

경남 창원의 식재·포장, 전북 익산과 광주광역시의 그늘식재, 전남 목포와 제주의 투수포장 등입니다. 강행 규정일 경우에도 규정 미준수 시 별도의 제재사항이 없으며, 임의 규정이 대부분이었습니다. 거창은 2011년 옥외 부설 주차장 녹화사업 지원사업을 시행해, 잔디블록 설치 및 잔디식재를 권장했습니다. 1면당 50만 원, 최대 200만 원으로 4면까지 지원하는 정책입니다.

광주광역시는 '공동주택 건축 심의에 관한 규칙'에 "지상주차장은 그늘을 만들어줄 수 있도록 적당한 간격으로 그늘식재를 하도록 한다"는 조항이 명시되어 있습니다. 이는 16층 이상 공동주택 건축 계획 심의 규정으로, 규정 미준수 시 심의위원회 판단에 따라 보완 후 재심의, 또는 조건부 동의로 결정되며 별도의 벌칙이나 제재사항은 없습니다.

전남 목포시는 '도시공원 및 녹지 등에 관한 조례'에 "노외주차장은 지상에 잘게 부순 돌 및 잔디블록 등 우수 침투가 가능한 자연친화적인 시설로 설치하고, 점용 기간 만료 후 그 설치한 부분에 대하여 점용 허가를 받은 사람이 즉시 원상회복해야 한다"는 조항이 있습니다. 그러나 자연친화적인 시설로 미설치 시에는 점용 허가를 불허하는 규정이 없습니다. 권고 사항으로 벌칙이나 제재사항이 없습니다.

제주특별자치도는 '도시 계획 조례'에 "유원지의 주차장 표면을 포장하는 경우에는 잔디블록 등 투수성 재료를 사용하고, 배수로의 표면은 빗물받이 폭 이상의 생태형으로 설치하는 것을 고려할 것"이라는 내용이 명시되어 있습니다. 그러나 이 역시 유원지 주차장 설치 기준에 대한 고려사항일 뿐, 의무사항은 아닙니다.

미국과 캐나다의 녹색주차장 가이드라인

외국의 경우엔 이미 종로구가 추구하는 친환경 녹색주차장이 활성화되어, 기준이 명확하게 정립되어 있는 사례가 있습니다. 미국과 캐나다의 경우, 공공 부문에는 신규 공사와 개선 공사

시 반드시 고려해야 하며, 민간 부문은 권고사항으로 명시되어 있습니다. 미국 환경보호국의 'Green Parking Lot Resource Guide(2008)', 캐나다 토론토시의 'Design Guidelines for Greening Surface Parking lots(2013)'이 대표적입니다.

미국 환경보호국의 'Green Parking Lot Resource Guide'는 녹색주차장Green Parking Lot의 기획, 설계, 건설 및 관리에 대한 가이드라인입니다. 기존 주차장의 환경적 · 비용적 문제점, 녹색주차장 효과, 녹색주차장 기획 · 설계 요소, 빗물 관리, 포장재(아스팔트, 콘크리트 대체재), 물 관리를 위한 관개 및 조경, 녹색주차장의 빗물 관리 효과를 상세하게 구분해 명시하고 있습니다.

캐나다 토론토시의 녹색주차장 디자인 가이드라인인 'Design Guidelines for Greening Surface Parking Lots'에는 주차장의 위치 및 레이아웃, 자동차 접근로 및 동선, 보행자 접근로 및 동선, 조경, 빗물 관리에 대한 기준이 상세하게 나와 있습니다. 조경과 접목된 보행로 조성, 빗물 침투를 위한 생태

캐나다 토론토시의 녹색주차장 디자인 가이
드 라인

처리구역 등 세부적으로 정리된 세부 항목에서는 주차장의 도
시 디자인 및 환경 조건을 개선하기 위한 다양한 전략 및 구체
적인 조치를 제시하고 있습니다. 주차장 설계자는 이 가이드라
인의 기본 취지를 따르되 해당 대지에 특화된 디자인으로 설
계하라는 지침도 있습니다.

토론토시는 지평식 주차장 설계에 있어 다음의 목표를 반영
해야 한다고 제시합니다. '기존 혹은 이미 계획된 맥락context 반
영, 공공 영역의 안전성과 매력 강화(인근 도로, 공원 및 오픈 스페

이스), 편리하고 안전한 직통 보행자도로 구축, 그늘과 고품격 조경 제공, 도시 열섬효과 완화, 빗물의 질적·양적 관리, 지속 가능한 재료 및 기술 통합.'

토론토시는 이 디자인 가이드라인을 지평식 주차장 관련 모든 개발의 설계, 심의 및 승인에 적용하고 있으며, 보통 용도지역 변경rezoning, 법정 계획Official Plan 수정 및 대지 계획(배치 계획) 신청을 심사할 때 적용하고 있습니다. 기존 주차장의 경우, 재포장 등 주차장 정기 보수공사 시 이 가이드라인을 준수하여 구조 변경 및 개선 공사를 할 것이 권장되지만, 이 경우에는 의무사항은 아닙니다.

가이드라인은 토론토시 혹은 시 소속 기관, 이사회 또는 운영위원회가 소유·운영 중인 지평식 주차장에도 적용되며, 기존 시영주차장을 개조하거나 개선 시에도 반드시 고려되어야 합니다. 지평식 주차장을 포함하는 모든 신규 개발은 '토론토 녹화 기준TGS' 성능 측정 1단계 기준을 충족하여야 하고, 신청자들은 개발 신청서와 함께 '토론토 녹화 기준TGS' 체크리스트를 제출해야 한다고 명시되어 있습니다.

3

답답한 주차장이 친환경 주차장으로!

인공 지반의 일반 주차장이
친환경 녹색주차장으로

녹색주차장 도입 전, 일반 주차장은 빗물이 침투되지 않는 인공 지반으로 되어 있었습니다. 그렇다 보니 많은 비가 내릴 때는 빗물이 땅속으로 침투되지 않아 범람 우려와 수질 오염을 초래했습니다. 주차 대수 확보를 목적으로 조성되어 녹지 공간도 없는 삭막한 풍경이었고, 보행 공간도 부족했습니다. 녹지 공간이 부족해 도시 열섬효과를 가중시켰고 환경 문제도 야기했습니다.

친환경 녹색주차장은 여러 가지 역할을 하는데, 첫째, 투수성 포장을 통한 빗물 침투를 가능하게 함으로써 주차장에서 발생하는 각종 오염물질을 1차 정화합니다. 정화된 빗물은 지하수 재충전을 유도하며 하천에 발생하는 부영양화를 억제합니다. 둘째, 원활한 생태계 흐름에 따른 토질 및 수질 환경을 개선하고 빗물 역류에 의한 침수를 방지합니다. 셋째, 대기질 향상 및 열섬효과 방지 역할로 대기 중에 남아 있는 미세먼지를 감소시키고 오염물질, 먼지를 정화하며, 나무 식재를 통해 햇빛 가림 효과를 냅니다. 넷째, 시설물 조성 및 철거 시 발생하는 폐기물을 감소시킵니다. 폐기물의 양은 유지, 보수 시 발생하는 자재들로 국한됩니다.

종로구는 이와 같은 역할을 충족시킬 수 있도록, 전반적인 인공 지반 구성의 주차장을 투수성 포장으로 바꾸고, 보행 공간의 부재 문제는 주차장 내 보행로 확보로 해결하고, 부족한 녹지 공간은 확대하는 방향으로 사업을 추진해나갔습니다.

┃ 전반적인 인공 지반 구성 → 투수성 포장으로 교체 ┃

┃ 보행 공간의 부재 → 주차장 내 보행로 확보 ┃

| 녹지 공간 부족 → 녹지 공간 확대 |

쾌적하고 푸르게 변해가는 종로의 주차장

2015년에 숭인 제3공영주차장이 친환경 주차장으로 변신했습니다. 주차 공간이 부족해 큰 불편을 겪고 있는 숭인동 일대의 주차난을 해소하기 위해 숭인 제3공영주차장을 확장 개장하면서 친환경 주차장으로 조성한 것입니다. 주차장의 바닥면은 아스팔트와 콘크리트 포장재 대신 잔디블록을 사용했습니다. 이

듬해 봄에는 주차장 모서리 부근에 나무를 심어 주차장을 더 쾌적하고 푸르게 만들었습니다.

2017년에는 서인사마당 공영주차장, 선비재 공영주차장, 효자 공영주차장이 녹색주차장으로 옷을 갈아입었습니다. 주차 구획 및 차량 스토퍼 후면의 아스콘을 철거하여 경계석을 설치했고, 주차장 바닥면은 잔디블록으로 조성했습니다. 담장에는 두릅나무과의 덩굴식물인 송악을 심었습니다. 또 주차장 외곽에는 백일홍, 남천, 하늘매발톱, 수호초, 돌단풍, 잔디 등을 심어 계절에 맞는 꽃들이 아름답게 피어날 수 있도록 띠녹지 공간을 조성했습니다.

사직동 공영주차장의 담장에는 담쟁이넝쿨이 자리 잡고 있습니다. 창신동에 위치한 창삼공원 공영주차장은 주변이 녹지공간으로 이뤄져 있습니다. 명륜동 공영주차장, 누상동 공영주차장, 서인사마당 공영주차장, 동숭동 공영주차장은 잔디블록이 깔리고 담장 대신 넝쿨식물과 낮은 관목으로 차폐식재가 마련되고, 차량 스토퍼 뒷부분 틈새 공간에 녹지가 조성되었으며, 조경 확보가 어려운 부분에는 화분이 배치돼 녹색주차장이 완성됐습니다.

종로 거리 곳곳에 친환경 녹색주차장 개념이 도입되어 자연이 어우러진 주차장이 하나, 둘 늘어나고 있습니다.

주차 대수의 변화 없이 나무를 심어 녹지를 조성한 사례

4

종로구 친환경 녹색주차장 가이드라인

전국 지자체 최초 녹색주차장 가이드라인 마련

———————

종로구는 2010년부터 친환경 녹색주차장 사업을 지속적으로 펼쳐왔습니다. 보도와 계단을 정비하며 친환경 명품도시를 조성해오고 있는 종로구의 역사, 문화, 자연환경 등 시공간적 요소와 그 특성에 맞는 주차장을 조성하고자 했습니다. 이를 위해서 구체적으로 적용할 수 있는 가이드라인, 종로구에 적합한 녹색주차장 가이드라인이 필요했습니다.

주요 적용 대상인 공영, 민영주차장의 기준이 되는 가이드라인 수립을 통해 바람직한 조성 방향을 제시할 뿐 아니라, 기존 공영주차장에 적용해온 친환경 녹색주차장 조성사업을 민간 부문에도 확대하기 위해서 실제로 적용하기 쉬운 가이드라인을 만들어야 했습니다. 그리하여 2020년 8월, 전국 지방자치단체 최초로 '친환경 녹색주차장 가이드라인'을 마련했습니다.

'종로구 친환경 녹색주차장 가이드라인'에는 친환경 녹색주차장의 개념 및 역할, 다양한 조성 사례를 소개하였으며, 주차장 유형별 조성 방안, 안전사항 및 투수성 포장, 권장 식재 등에 대해서도 상세하게 설명하고 있습니다. 공영주차장뿐만 아니라 민영주차장에서도 쉽게 적용할 수 있도록 주차장 규모와 유형, 구조 등 주차장별 여건에 맞는 다양한 조성 방안과 세부 기준을 안내합니다.

이것은 주차장별 여건(규모, 유형, 구조)에 맞는 다양한 조성 방안

과 세부 기준을 제시하여 친환경 녹색주차장 조성을 위한 기본 지침 역할을 하고 있습니다. 나아가 무질서한 시설들로 도시 미관을 저해하고 있는 민영주차장이 친환경 녹색 공간으로 변모할 수 있도록 지원 방안 및 제도적 근거를 구체적으로 마련했습니다.

이미 지역 내 공영주차장 24곳에 나무를 심고 잔디블록 포장을 하는 등 세심한 정비를 추진해 녹색주차장을 조성해온 종로구는 앞으로는 민영주차장도 친환경 녹색주차장으로 조성할 수 있도록 가이드라인을 활용해 적극 지원할 계획입니다.

지난 2019년 12월, 종로구는 '종로구 주차장 설치 및 관리 조례'를 개정해 민영주차장에 대한 친환경 녹색주차장 조성 지원 근거를 명시했습니다. 2020년 9월부터 11월에 걸쳐 '종로구 주차장 설치 및 관리 조례 시행 규칙' 개정으로 지원 기준 및 범위, 사업 신청 방법 및 서식 등을 신설했습니다. 이처럼 법적 근거를 마련해 2021년 1월부터는 친환경 녹색주차장 사업 신청을 받아 시행할 예정입니다.

'종로구 친환경 녹색주차장 가이드라인'의 발행을 계기로 안전 부분까지 고려한 친환경 녹색주차장이 더욱 확대되어, 종로의 명품도시 사업을 완성시켜 나갈 것을 기대합니다.

종로구 친환경 녹색주차장 가이드라인

'종로구 친환경 녹색주차장 가이드라인'의 목표는 첫째, 녹색주차장의 기준 확립으로, 실현 가능한 기준을 수립하고 자발적인 참여를 유도하고자 하는 것입니다. 둘째, 주차장의 친환경화로 조경 공간의 확보 및 보행 안전과 편의 향상입니다. 셋째, 자연환경 및 도시 경관 개선으로 조경의 수준 향상과 토질, 대기, 수질 환경 개선을 목표로 합니다.

'종로구 친환경 녹색주차장 가이드라인'에는 주차장 유형별 조성 계획도 상세하게 소개되어 있습니다. 먼저 대규모 주차장 계획 시에는 기능에 적합한 종합적인 조경 계획 수립을 제안합니다. 주차장과 도로 경계부에 조경을 계획해 녹지를 확보하여 차폐 및 경계 구분으로 활용하고, 양방향 조경 식재 및 중앙 분리대를 활용하여 차량 동선과 주차 구획의 경계를 분리합니다. 그리고 보행자의 안전을 위해 주차장 내에 보행로를 확보하는 것을 고려해야 합니다.

공영주차장 계획 시에는 여유 공간을 최대한 활용한 조경 계획을 제안합니다. 조경 경계석을 카스토퍼로 활용할 수 있고, 카스토퍼 뒤 여유 공간을 활용하여 조경 계획을 할 수 있습니다. 주차 구획은 빗물이 잘 스며들 수 있는 투수형 포장을 권장합니다.

부설 주차장 계획 시에는 도로와 주차장 구분을 위한 경계부 조경 공간을 제안합니다. 투수 면적 확대를 위해 투수 포장하는 것을 권장하며, 식생 환경을 고려하여 차량 접근이 최소화되는 범위에서 잔디를 심는 등의 방법을 권장합니다. 식재 최소 폭이 1미터 이상의 여유가 있을 때는 그늘용 나무를 심는 것도 권장합니다.

민영 노외주차장 계획 시에는 조경 울타리, 가로 화분 등을

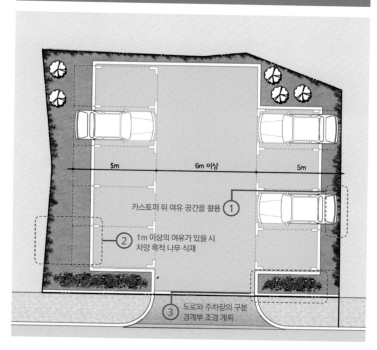

5m　　　　　6m 이상　　　　　5m

카스토퍼 뒤 여유 공간을 활용 ①

② 1m 이상의 여유가 있을 시
차양 목적 나무 식재

도로와 주차장의 구분
③ 경계부 조경 계획

① 　　　　　② 　　　　　③

활용한 조경 계획을 제안합니다. 인접 대지 및 도로와의 경계 구분을 위해 가로 화분 또는 조경 울타리 설치를 권장합니다. 기존 옹벽 또는 담장을 활용하여 넝쿨식물 식재를 권장하고, 경계부 자투리 공간을 활용하여 조경 공간을 조성하기를 권합니다.

'종로구 친환경 녹색주차장 가이드라인'에는 친환경 녹색주차장 조성 시의 세부 사항도 상세히 소개합니다. 일방향 주차 시와 양방향 주차 시의 여유 공간 활용에 관한 사항, 차폐에 관한 사항, 펜스 등 지지대 활용에 관한 사항, 넝쿨식물을 활용한 차양 계획에 관한 사항이 상황별로 소개되어 있습니다. 뿐만 아니라 주차장 계획 시 배치와 안전벽 설치 같은 안전사항도 소개합니다. 투수성 포장의 종류와 특성을 구분해 충분히 검토해 선택할 수 있도록 소개하고 있으며, 지피류의 경우, 교목류의 경우, 넝쿨식물의 경우, 관목류의 경우 등 권장 식재의 종류도 친절히 소개합니다.

'종로구 친환경 녹색주차장 가이드라인'은 친환경 녹색주차

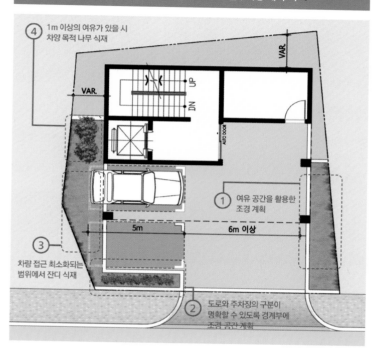

주차장 유형별 조성 계획 중에서 '부설주차장 계획 시'

④ 1m 이상의 여유가 있을 시
차양 목적 나무 식재

VAR.

VAR.

UP

DN

AUTO DOOR

① 여유 공간을 활용한
조경 계획

5m

6m 이상

③
차량 접근 최소화되는
범위에서 잔디 식재

② 도로와 주차장의 구분이
명확할 수 있도록 경계부에
조경 공간계획

①-1

①-2

녹색 바람이 부는 친환경 주차장

장을 설치하고자 하는 관련인들에게는 고민을 덜어주는 기준
을 제시하고, 친환경 주차장의 현재를 알고자 하는 모든 이들
에게는 상세한 안내서가 될 것입니다. 그리고 열기를 내뿜던
아스팔트와 콘크리트 주차장이 이슬을 머금은 잔디를 밟을 수
있는 녹색주차장으로 변신해 가는 모습을 지켜보는 종로구 주
민들에게는 자부심을 선물할 좋은 보고서가 될 것입니다.

인사이트 종로 02

명품도시

도로와 계단, 주차장에 친환경을 입히다

초판 1쇄 인쇄 2021년 6월 1일
초판 1쇄 발행 2021년 6월 10일

기획 종로구청
엮은이 콘텐츠하다
펴낸곳 콘텐츠하다
주소 서울시 영등포구 선유로49길 23, 2차 IS비즈타워 613호
전화번호 070-8987-2949
홈페이지 www.contentshada.com